Dose, Tüte & Co.
Fertigprodukte aufgepeppt

Pierre Wulf

Das bisschen Kochen – ist gar nicht so einfach, aber auch nicht besonders schwer. Dank moderner Fertigprodukte lässt sich in der kleinsten Küche mit wenigen auch noch so ungeübten Handgriffen ein leckeres Menü zaubern. Dieses Buch vereinfacht Ihren Kochalltag mit tollen Ideen für Fleisch-, Fisch-, Gemüse- und Nudelgerichte, für verführerische Desserts und fantasievolle Kreationen.

Inhalt

Alle Rezepte
auf einen Blick

	Seite	kcal je Portion	frittiert	für Gäste	asiatisch	vegetarisch	leicht	preiswert	ausgefallen	für Kids
Blattsalate mit Garnelen-Tempura	10	420	+	+	+				+	
Geflügelsandwich	12	720					+		+	+
Asiatische Gemüsepfanne	13	510			+	+		+		
Tortellini-Tomaten-Salat	14	710				+	+			+
Maisküchlein	15	400						+	+	+
Spaghetti-Bratlinge	16	550				+		+		+
Gemüse-Reis-Salat	18	400			+		+	+		
Curry-Consommé	19	410	+	+	+	+			+	
Mozzarellaburger	20	450		+		+				+
Schweinefilet in Käse-Sahne-Sauce	22	590		+						+
Frittierte Kartoffelbällchen	23	160	+					+		+
Curryspätzle	24	370			+	+			+	
Rinderhacksteak mit Pilzgemüse	25	620					+	+		
Lauch-Bratkartoffel-Auflauf	26	710				+		+		
Hackbällchen mit Tomaten in Sauce hollandaise	28	1100						+		+
Gebratene Semmelknödelscheiben	29	360						+	+	
Crêpe-Gemüsetorte	30	770				+		+		+
Fischfilet mit Kräuterkruste	32	550		+				+	+	
Mozzarella-Tarte mit Tomaten und Pesto	33	910		+		+			+	
Fischstäbchen mit Sprossen	34	360			+			+	+	

	Seite	kcal je Portion	frittiert	für Gäste	asiatisch	vegetarisch	leicht	preiswert	ausgefallen	für Kids
Gemüsepfanne mit rotem Curry	35	310		+	+	+			+	
Paprika-Kartoffel-Gratin	36	380		+				+	+	
Gnocchi mit Blattspinat und Knoblauch	37	670		+		+		+		
Knödelburger auf Salat	38	600						+	+	+
Andalusischer Gazpacho	40	170		+				+	+	
Lachsspieße im Teigmantel	42	1080	+	+					+	
Feldsalat mit Ziegenkäsesauce	43	390		+		+			+	
Paprika-Hähnchenkeulen	44	210		+				+	+	
Zucchini-Feta-Plätzchen	46	280		+		+		+	+	
Erbsenschotensuppe	47	380		+					+	+
Oliven-Tomaten-Brot	48	340		+				+	+	
Fischfilet im Kartoffelmantel	49	620		+			+		+	
Birnenschnitten	50	490		+				+		+
Kokos-Bananen-Pfannkuchen	52	360						+	+	+
Amaretticreme	53	420		+					+	
Erdbeercreme mit Balsamicosauce	54	470		+			+		+	
Tarteletts mit Rum-Rosinen-Creme	56	410		+					+	
Schoko-Minz-Creme mit Zuckernetz	57	340		+					+	
Terrine von zweierlei Joghurt	58	410		+				+	+	
Süße Mandel-Cannelloni	60	470		+				+	+	

Neue Ideen braucht Ihr Topf

Nudeln mit Sauce und Fischstäbchen mit Spinat – steht so etwas häufig auf Ihrem Speiseplan? Auf Dauer doch etwas eintönig, oder?

Sie erwarten Besuch und die Rezeptideen sind Ihnen ausgegangen. Wie wäre es mit einer Reihe von neuen unkomplizierten Rezeptvorschlägen, um Ihre Gäste zu verwöhnen?

Sie möchten sich gesund ernähren, ohne Stunden über den Wochenmarkt gehen zu müssen und anschließend Gemüse zu putzen und zu schneiden? Dieses Buch hilft Ihnen, Ihren Speiseplan mit einfachen, leckeren, ungewöhnlichen und vielseitigen Gerichten zu bereichern.

Spaß beim Kochen ohne Kapriolen

„Dose, Tüte & Co." heißt mit wenig Aufwand, viel Fantasie und Spaß etwas Köstliches zu kochen. Zaubern Sie aus Kartoffelpuffern schmackhafte Mozzarellaburger oder mit etwas Gelatine und Sahne aus einem einfachen Joghurt ein verführerisches Dessert. Investieren Sie ein paar Minuten und aus langweiligen Nudeln werden Curryspätzle oder mal ganz anders: Spaghetti-Bratlinge.

Dieses Buch macht Sie zum Kochkünstler, ohne dass Sie dafür ein neues teures Messerset oder extravagante, kaum bezahlbare Küchengeräte kaufen oder bei einem großen Meister in die Schule gehen müssen. Unsere Rezepte beinhalten viele verschiedene Zutaten, die wir sorgfältig für Sie

zusammengestellt haben. In gut gefüllten Supermarktregalen finden Sie alles, was Sie dafür benötigen.

„Dose, Tüte & Co." versucht nicht, Ihnen beizubringen, eine Möhre innerhalb kürzester Zeit in eine Rose zu verwandeln oder ein fünfgängiges Menü mit 2 Tagen Vorbereitung auf den Tisch zu zaubern. Hier geht es nicht um Kochkapriolen, sondern wir bieten eine problemlose Anleitung, aus einfachen Produkten schmackhafte Gerichte zu kochen.

Wieder ein Trend aus den USA

Das Kochen mit vorbereiteten Produkten ist natürlich altbekannt, aber durch neue leckere Fertigprodukte, die nichts mehr mit dem „Dosenfutter" von früher gemeinsam haben, ist es heute möglich, modern, schnell, schmackhaft und gesund zu kochen.

Mit der Erfindung der Dose und seinem bekanntesten Inhalt, der Campbell Tomato Soup, kamen in den USA die ersten Fertigprodukte in die Privathaushalte. Von der Erbsensuppe über Obst und Wurst wurde alles in die Dose gepresst, was hineinpasste. Leider wurde es auch bis zur Unkenntlichkeit und vor allem bis zur Geschmacklosigkeit verkocht.

Später ergaben sich durch Plastikverpackungen neue Möglichkeiten, Speisen portionsweise zuzubereiten und zu verpacken.

Auf die zunehmende Zahl von Singles, die weder Zeit noch Lust haben, sich für einen Teller Essen stundenlang mit Vorbereitun-

gen und Kochen aufzuhalten, hat sich die Nahrungsmittelindustrie mit einem reichhaltigen Angebot an Fertigprodukten eingestellt. Supermärkte bieten heute nicht nur langweilige Einheitskost, sondern unterschiedliche internationale Gerichte mit exotischen Zutaten.

Die Fertigpackungen haben auch den Salatbereich erobert. Zu den neuesten Trends gehören verschiedene Salatsorten in Plastiktüten oder auch fertig geputztes und geschnittenes Obst im Portionspack. Schon gewaschene und geschälte Möhren für den sofortigen Verzehr sind genauso lecker wie kleine Gemüsehäppchen mit Dips im Kombipack. Schauen Sie sich im Supermarkt einmal um!

Convenience heißt das Zauberwort

Die Grundlage unserer Rezepte bilden verschiedene so genannte Convenience- (convenience = einfach) oder auch Fertigprodukte. Man unterscheidet hierbei halbfertige und fertige Produkte. Zu den halbfertigen Produkten gehören beispielsweise Fleisch- oder Fischgerichte, die bereits portioniert und gewürzt sind und deshalb nur noch gegart werden müssen. Dazu zählen übrigens auch fertige Süßspeisen in Tüten, die mit einem Schneebesen aufgeschlagen werden, wie z. B. Mousse au Chocolat.

Fertigprodukte sind dagegen so weit zubereitet, dass sie nur noch erhitzt werden müssen. Diese Fertigmenüs werden oft in der Packung in die Mikrowelle oder den Backofen geschoben oder im Wasserbad erhitzt. Hühnerfrikassee mit Reis ist ein klassisches Gericht dieser Produktpalette. Die Auswahl ist besonders vielfältig und reicht von der Tiefkühlpizza über Torten und Süßspeisen bis hin zu Nudelgerichten.

In unseren Rezepten werden verschiedene Fertigprodukte verwendet, die als Grundlage für die Gerichte dienen. Dazu gehören etwa schon gewürzte Hähnchenschenkel aus der Packung, geschnittene und entgrätete Fischstücke, vorgegarte Nudeln aus der Tiefkühltheke oder auch tiefgefrorenes Gemüse. Dazu benötigen wir Fertigsaucen und -suppen zur Verfeinerung oder auch Veränderung der Gerichte. Mit verschiedenen Kräutern und Gewürzen ergeben sich ungeahnte Geschmacksnuancen.

Fertig ist nicht gleich ungesund

Wussten Sie schon, dass man sich auch mit Fertigprodukten gesund ernähren kann? Sicher ist es besonders schön, frisches Gemüse auf dem Wochenmarkt einzukaufen. Aber mal ehrlich: Wer hat heute dafür noch Zeit und Muße, geschweige denn einen Markt mit einem entsprechenden Angebot in der Nähe? Der moderne Stadtmensch muss oft notgedrungen auf die Gemüseabteilung im Supermarkt zurückgreifen, und häufig sieht das, was da vor uns liegt, alles andere als appetitlich aus.

Schauen Sie doch auch einmal nach, was die Kühltheke oder das Kühlregal zu bieten hat. Hier finden Sie eine große Vielfalt an Waren, die dank spezieller Gefrier- und Kühlmethoden ähnlich vitaminreich und gesund sind wie die Produkte vom Wochenmarkt.

Tiefkühlkost

TK-Gemüse wird direkt nach der Ernte gewaschen, geputzt und schockgefrostet und bewahrt daher seinen Geschmack und die wertvollen Nährstoffe – und so ist der Unterschied zu frischem Gemüse gar nicht so groß, wie man häufig denkt.

Achten Sie beim Kauf von TK-Gemüse und -Obst auf die Hersteller- und Mindesthaltbarkeitsdaten. Auch TK-Kost kann natürlich bei unsachgemäßer Lagerung verderben.

Am besten kaufen Sie in einem Supermarkt, der mit modernen Kühlschränken oder Kühltruhen mit Abdeckungen ausgestattet ist. Da kann die Kälte nicht so schnell entweichen, und die Temperatur bleibt relativ konstant.

Eine Packung mit „guten" Erbsen erkennen Sie etwa daran, dass Sie beim Schütteln die einzelnen Erbsen „hören". Beim Einfrieren legt sich um jede Erbse eine Eisschicht. Erst wenn das Gemüse auf dem Transportweg oder durch Temperaturschwankungen schon einmal angetaut war, verkleben die einzelnen Stücke und bilden größere Klumpen. Lassen Sie dieses Gemüse lieber liegen, denn hier sind schon wertvolle Inhaltsstoffe, Vitamine und Geschmacksträger verloren gegangen.

Tütensuppen und Dosengemüse

Instant-Produkte wie Tütensuppen und -saucen gibt es in allen möglichen Variationen. Selbst die klassische Sauce hollandaise, an die sich normalerweise kein Kochlaie traut, ist dank Maggi und Co. kein kulinarisches Abenteuer mehr, das man sich allenfalls beim Spargelessen im Edelrestaurant einmal gönnt. Auch die Pfeffersauce zum Steak ist keine Zauberei mehr.

In den Rezepten dieses Bandes werden diese Saucen oft zum Verfeinern eingesetzt; sie werden also nicht unbedingt zu einer Sauce verarbeitet, sondern dienen als Würzgrundlage für eine Kruste oder werden z. B. zu einer Marinade verarbeitet.

Die hier vorgestellten Tütensuppen bieten ebenfalls jede nur erdenkliche Geschmacksrichtung. Allerdings muss man zugeben, dass die Bilder auf der Verpackung beschönigen, was sich wirklich in diesen kleinen Tüten verbirgt. Eine gute Basis, die verfeinert und variiert werden kann, bieten sie allemal. So kann man etwa eine Spargelcremesuppe in eine Spargel-Frischkäse-Sauce verwandeln. Einige Suppen werden außerdem zur Geschmacksverstärkung und Bindung verwendet.

Die Instant-Hühnerbrühe etwa erspart Ihnen das Zubereiten einer klassischen

Brühe mit stundenlangem Auskochen von Hühnerknochen – und das Ergebnis ist das gleiche.

Dosengemüse wird in den Rezepten dieses Buches nur sehr selten verwendet. Das Einkochen in Dosen eignet sich nur für wenige Gemüsesorten. Etwas „strapazierfähigere" Gemüse wie Erbsen, Möhren, Kohlrabi oder Mais findet man zwar in Dosen, niemand käme allerdings auf die Idee, Brokkoli in die Dose zu stecken, da er sofort seine Farbe und den Geschmack verlieren würde. Da jedes Gemüse bei diesem Verfahren viele Vitamine verliert, haben wir uns auf TK-Gemüse beschränkt.

Dagegen spricht nichts gegen geschälte Tomaten aus der Dose als Grundlage etwa für eine Sauce. Auch Linsen oder Bohnen aus der Dose eignen sich gut zum Kochen, da gerade Hülsenfrüchte in der Zubereitung sehr aufwändig sind.

Die Zubereitung

Der Vorteil bei Fertigprodukten ist nicht nur die einfache Zubereitung, sondern auch die Zeitersparnis. Nicht nur Singles, auch Familien haben wenig Zeit zum Kochen.

Die Rezepte sind so ausgerichtet, dass sie nur eine kurze Vorbereitung benötigen und dank kurzer Garzeiten schnell fertig sind. Viele Gerichte werden einfach in der Pfanne zubereitet oder im Ofen gebacken. Das Besondere sind oft die Gewürze oder die ungewöhnliche Kombination.

Also, so schwer hört sich die Sache mit dem Kochen doch gar nicht an, oder? Versuchen Sie es doch einmal. Mit „Dose, Tüte & Co." bringen Sie garantiert frischen Wind in Ihre Speisekarte.

Die Rezepte

Blattsalate mit Garnelen-Tempura

- ⊕ frittiert
- ⊕ für Gäste
- ⊕ asiatisch
- ⊖ vegetarisch
- ⊖ leicht
- ⊖ preiswert
- ⊕ ausgefallen
- ⊖ für Kids

Zutaten

20 TK-Riesengarnelen, aufgetaut ·
etwas Salz · etwas schwarzer
Pfeffer aus der Mühle · Saft von
1 Zitrone · 1 EL Öl

2 frische Eiweiße ·
45 g Weizenstärke

500 ml Öl zum Frittieren

500 g Blattsalat-Mischung aus
dem Supermarkt · 100 g Croûtons

Für 4 Personen
Zubereitungszeit: ca. 30 Min.
ca. 420 kcal je Portion

1 Die Garnelen mit Salz, Pfeffer und Zitronensaft würzen. Das Öl in einer Pfanne erhitzen und darin die Garnelen von jeder Seite 2 Minuten braten. Die Garnelen aus der Pfanne nehmen und auf Küchenkrepp legen.

2 Für den Tempurateig die Eiweiße verquirlen und die Weizenstärke langsam einrühren, bis ein glatter Teig entsteht. Mit Salz und Pfeffer würzen.

3 In einem hohen Topf (oder einer Fritteuse) das Öl erhitzen. Die Garnelen durch den Teig ziehen und sofort in das heiße Öl geben. Die Garnelen aus dem Topf nehmen, wenn der Teig goldbraun ist.

4 Die Garnelen auf dem Salat anrichten, mit den Croûtons bestreuen und sofort servieren.

Tipp
Wenn Sie mehr Zeit haben, verwenden Sie das heiße Öl, in dem die Garnelen gebraten wurden, und streuen Sie 10 g Sesamkörner dazu. Mit etwas Wasser und Weißweinessig abgelöscht, einer Prise Instant-Hühnerbrühe und 20 ml Öl abgeschmeckt, ergibt dies ein köstliches Salatdressing.

Geflügelsandwich

- ⊖ frittiert
- ⊖ für Gäste
- ⊖ asiatisch
- ⊖ vegetarisch
- ⊕ leicht
- ⊖ preiswert
- ⊕ ausgefallen
- ⊕ für Kids

Zutaten

2 EL Weizenkeimöl ·
4 TK-Putenschnitzel oder Ge-
flügel-Steaklets · 3 Tomaten
4 Gewürzgurken · 250 g Mayonnaise · 8 Scheiben Toast · 8 Blatt
Kopfsalat · etwas Salz · etwas
schwarzer Pfeffer aus der Mühle

Für 4 Personen
Zubereitungszeit: ca. 30 Min.
ca. 720 kcal je Portion

1 Das Öl in einer Pfanne erhitzen und darin das Fleisch nach Packungsanweisung braten. Von den Tomaten den Stielansatz entfernen und sie in Scheiben schneiden.

2 Die Gewürzgurken in feine Würfel schneiden und mit der Mayonnaise vermengen. Die Brotscheiben toasten und mit der Gurken-Mayonnaise-Masse bestreichen. 4 Scheiben mit jeweils 2 Blatt Kopfsalat und 4 Tomatenscheiben belegen. Mit Salz und Pfeffer würzen.

3 Das Fleisch auf die Tomaten legen und mit den restlichen Brotscheiben bedecken. Schräg durchschneiden und servieren.

Tipp
Mischen Sie fertige italienische Pesto statt Gurken unter die Mayonnaise und Sie haben ein Geflügel-Pesto-Sandwich. Dazu mischen Sie 30 g Pesto unter 250 g Mayonnaise und dekorieren das Sandwich mit Tomaten und Salatgurke statt Kopfsalat.

Zutaten

50 g Ingwer · 1 Bund Frühlingszwiebeln

2 TL Erdnussöl · 1 kg asiatisches
TK-Mischgemüse · 200 g TK-
Brokkoli

200 g Sojasprossen · 2 EL Sojasauce · 100 g Cashewkerne

Für 4 Personen
Zubereitungszeit: ca. 20 Min.
ca. 510 kcal je Portion

Asiatische Gemüsepfanne

1 Den Ingwer schälen und in feine Würfel
schneiden. Die Wurzeln der Frühlingszwiebeln entfernen und die Zwiebeln in
etwa 8 cm lange Stücke schneiden.

2 Das Erdnußöl in einem hohen Topf erhitzen, die Frühlingszwiebeln, das Misch-
gemüse und den Brokkoli hineingeben und
etwa 10 Minuten unter mehrmaligem
Rühren garen.

3 Die Sojasprossen und den Ingwer unterheben und mit der Sojasauce nach Belieben abschmecken. Mit den Cashew-
kernen garnieren.

frittiert ⊖
für Gäste ⊖
asiatisch ⊕
vegetarisch ⊕
leicht ⊖
preiswert ⊕
ausgefallen ⊖
für Kids ⊖

Tipp
Für Gäste reichen Sie
zu der Gemüsepfanne
köstlichen Basmati-
reis und die Garne-
len-Tempura von
Seite 11.

Zutaten

500 g Tortellini aus dem Supermarkt · 400 g Tomaten

20 ml Balsamessig · 1 TL milder
Senf · 100 ml Olivenöl · etwas
Salz · etwas schwarzer Pfeffer
aus der Mühle · etwas Zucker

1 P. TK-Basilikum

Für 4 Personen
Zubereitungszeit: ca. 30 Min.
Marinierzeit: ca. 20 Min.
ca. 710 kcal je Portion

Tortellini-Tomaten-Salat

- frittiert
- für Gäste
- asiatisch
- vegetarisch
- leicht
- preiswert
- ausgefallen
- für Kids

1 Die Tortellini nach Packungsanweisung zubereiten und nach dem Kochen in Eis-wasser abschrecken. Den Stielansatz der To-maten entfernen und die Tomaten in Stücke schneiden. Tortellini und Tomaten in einer Schüssel vermengen.

2 Für die Vinaigrette den Essig mit Senf und 30 ml warmem Wasser in eine Schüssel geben und gut verrühren. Nach und nach das Öl mit einem Schneebesen einrühren und alles nach Belieben mit Salz, Pfeffer und Zucker würzen.

3 Das Basilikum vorsichtig unter die Vinaigrette heben und diese über den Salat gießen. Vor dem Servieren etwa 20 Minuten ziehen lassen.

Tipp
Tortellini gibt es gegart oder getrocknet in jedem Super-markt. Beide Sorten eignen sich für dieses Rezept. Aller-dings müssen Sie bei ge-trockneten Tortellini eine Garzeit von etwa 20 Minuten einrechnen.

Maisküchlein

1 Den Mais abgießen, gut unter fließendem Wasser abspülen und in einen Topf geben. Die leere Dose mit Wasser füllen und das Wasser zum Mais geben. Die Hühnerbrühe hinzugeben, alles 10 Minuten kochen und dann pürieren.

2 Das Maispüree leicht abkühlen lassen. Stärke und Zucker einrühren. Die Eier verquirlen und unter die Masse rühren.

3 Das Kartoffelpüreepulver unterrühren und etwa 3 Minuten stehen lassen. In einer Pfanne 4 EL Öl erhitzen.

4 Mit einem Esslöffel jeweils eine kleine Menge der Masse in die Pfanne geben und platt drücken. Von jeder Seite etwa 3 Minuten braten. Die Küchlein auf Küchenkrepp abtropfen lassen.

Zutaten

1 Dose Mais (à 600 g) ·
2 EL Hühnerbrühe
30 g Weizenstärke · 30 g Zucker ·
2 frische Eier
1 P. Kartoffelpüreepulver ·
4 EL Öl

Für 4 Personen
Zubereitungszeit: ca. 30 Min.
ca. 400 kcal je Portion

frittiert ●
für Gäste ●
asiatisch ●
vegetarisch ●
leicht ●
preiswert ●
ausgefallen ●
für Kids ●

Für zwischendurch

Spaghetti-Bratlinge

- frittiert
- für Gäste
- asiatisch
- vegetarisch
- leicht
- preiswert
- ausgefallen
- für Kids

1 Eier und Milch gut verquirlen, die Spaghetti hineingeben und das Mehl unterrühren. Das Päckchen Zwiebelduo dazugeben und verrühren.

2 Etwas Öl in einer Pfanne erhitzen und die Spaghetti portionsweise hineingeben, etwas platt drücken und bei mittlerer Hitze von beiden Seiten etwa 3 Minuten goldbraun braten. Die Bratlinge auf Küchenkrepp abtropfen lassen.

3 Den Stielansatz der Tomaten entfernen und die Tomaten in größere Stücke schneiden.

4 Die Lauchzwiebeln in feine Ringe schneiden und in einem Topf leicht anschwitzen. Die Tomaten dazugeben und salzen und pfeffern. Nach etwa 2 Minuten den Tomatensaft dazugeben, alles aufkochen und die Tomatencremesuppe einrühren. Die italienischen Kräuter zugeben. Die Bratlinge anrichten und das Gemüse darauf verteilen.

Zutaten

3 frische Eier · 100 ml Milch ·
500 g gekochte Spaghetti ·
100 g Mehl · 1 P. Zwiebelduo
2 EL Weizenkeimöl zum Braten
500 g Tomaten
1 Bund Lauchzwiebeln · etwas
Salz · etwas Pfeffer aus der
Mühle · 250 ml Tomatensaft ·
1 P. Tomatencremesuppe
(Instant) · 1 P. italienische TK-
Kräuter

Für 4 Personen
Zubereitungszeit: ca. 30 Min.
ca. 550 kcal je Portion

Zwiebelduo
Zwiebelduo gibt es in der Tiefkühltheke. Es besteht aus roten und weißen klein gewürfelten Zwiebeln. Man erspart sich das Schälen und Würfeln von Zwiebeln und die Menge ist leicht zu bestimmen.

Zutaten

400 g TK-Hühnerbrustfilets, gewürzt · 2 EL Hühnerbrühe (Instant) · 1 Beutel Langkornreis (à 125 g)

600 g TK-Bauerngemüse

1 P. TK-Petersilie

Für 4 Personen
Zubereitungszeit: ca. 30 Min.
ca. 400 kcal je Portion

Gemüse-Reis-Salat

- ⊖ frittiert
- ⊖ für Gäste
- ⊕ asiatisch
- ⊖ vegetarisch
- ⊕ leicht
- ⊕ preiswert
- ⊖ ausgefallen
- ⊖ für Kids

1 Die Hühnerbrustfilets im Ofen bei 180 °C (Umluft 150 °C; Gas Stufe 2–3) etwa 20 Minuten backen. Etwa 1 l Wasser aufkochen, die Hühnerbrühe hineingeben und aufkochen. Den Reis in der Hühnerbrühe 15–20 Minuten gar kochen und gut abtropfen lassen.

2 Das Gemüse nach Packungsanleitung zubereiten. Die Hühnerbrustfilets abkühlen lassen und in Scheiben schneiden.

3 Das Gemüse mit dem Reis und den Hühnerbrustscheiben vermischen und mit der Petersilie bestreuen.

Tipp
Nehmen Sie statt **Bauern**gemüse eine asiatische Gemüsemischung.

Zutaten

600 ml Geflügel-Consommé aus dem Glas · 1 TL Curry ·
130 g Mehl · 3 frische Eier ·
100 ml Milch · etwas Salz ·
etwas schwarzer Pfeffer aus der Mühle
150 g TK-Brokkoli · 100 g TK-Möhren · 200 ml Öl zum Frittieren
50 g Sojasprossen

Für 4 Personen
Zubereitungszeit: ca. 30 Min.
ca. 410 kcal je Portion

Curry-Consommé

1 Die Geflügel-Consommé erhitzen und den Curry zugeben. Das Mehl mit den Eiern und der Milch zu einem glatten Teig verrühren und mit Salz und Pfeffer würzen.

2 Das Gemüse auftauen, trockentupfen und in den Teig geben. Das Öl erhitzen und darin das Gemüse etwa 3 Minuten goldbraun backen.

3 Die Sojasprossen auf 4 Tellern anrichten und mit der heißen Consommé übergießen. Das gebackene Gemüse dazugeben.

frittiert ❍
für Gäste ❍
asiatisch ❍
vegetarisch ❍
leicht ❍
preiswert ❍
ausgefallen ❍
für Kids ❍

Tipp
Verwenden Sie statt des gebackenen Gemüses Geflügelstücke. Schneiden Sie dafür 1 cm dicke Stücke aus einer Hähnchenbrust, wenden Sie diese im Teig und frittieren Sie sie 3–5 Minuten. Für 4 Personen brauchen Sie 100 g Fleisch.

Mozzarellaburger

- frittiert
- **für Gäste**
- asiatisch
- **vegetarisch**
- leicht
- preiswert
- ausgefallen
- **für Kids**

Zutaten

2 P. Röstini · 4 Tomaten ·
400 g Mozzarella

1 Bund Basilikum

6 EL Öl

Etwas Salz · etwas schwarzer
Pfeffer aus der Mühle

Für 4 Personen
Zubereitungszeit: ca. 30 Min.
ca. 450 kcal je Portion

Röstini
Röstini ist die Bezeichnung für eine vorbereitete Kartoffelrösti-Masse. Wenn Sie diese Masse benutzen, ersparen Sie sich das zeitaufwändige Reiben von rohen Kartoffeln. Die Rösti sind gut gewürzt und lassen sich leicht zubereiten.

Tipp
Wenn Sie sich die Mühe sparen möchten, den Mozzarella in kleine runde Stücke zu schneiden, können Sie auch eine fertige Mozzarellarolle kaufen.

1 Die Röstini nach Packungsanleitung anrühren und quellen lassen. Inzwischen die Tomaten waschen, den Stielansatz entfernen und jede Tomate in 5–6 nicht zu dünne Scheiben schneiden. Den Mozzarella abtropfen lassen und ebenfalls in Scheiben schneiden.

2 Die Basilikumblättchen abzupfen und ein paar größere aufbewahren. Die restlichen Blättchen grob schneiden.

3 Wenn der Röstiniteig gequollen ist, Öl in Pfanne geben und nicht zu stark erhitzen. Den Teig esslöffelweise in die Pfanne geben und 12 Röstinis backen. Wenn sie auf beiden Seiten goldgelb sind, aus der Pfanne nehmen und auf Küchenkrepp gut abtropfen lassen.

4 Dann 1 Röstini mit Mozzarella belegen, salzen und pfeffern. Darauf 1 Tomatenscheibe mit etwas Basilikum legen. Wieder 1 Röstini, Mozzarella, Tomate und Basilikum darauf geben. Den Abschluss bildet ein Röstini, das nach Belieben ebenfalls mit einem Basilikumblättchen garniert wird. Auf diese Weise insgesamt 4 Mozzarellaburger fertig stellen.

Schweinefilet in Käse-Sahne-Sauce

- ⊖ frittiert
- ⊕ für Gäste
- ⊖ asiatisch
- ⊖ vegetarisch
- ⊖ leicht
- ⊖ preiswert
- ⊖ ausgefallen
- ⊕ für Kids

1 Die Sauce nach Packungsanleitung, aber nur mit der Hälfte der angegebenen Wassermenge zubereiten. Die Sahne hinzufügen. Den Käse fein reiben und in die Sauce rühren.

2 Die Schweinefiletmedaillons leicht flach klopfen, rundum salzen und pfeffern. In einer Pfanne wenig Öl erhitzen und darin das Fleisch auf jeder Seite etwa 2 Minuten braten. Die Filets aus der Pfanne nehmen und das Fett auf Küchenkrepp abtropfen lassen. Die Sauce zum Fleisch reichen.

Tipp
Für die Sauce eignet sich am besten ein bestimmter Kräuterhartkäse aus der Schweiz. Er ist sehr scharf und nicht zum unzubereiteten Verzehr geeignet. Der Käse lässt sich sehr gut reiben und ist kegelförmig. Sie erkennen ihn an dem silberfarbenen Papier, in das er gepackt ist. Der Käse ist in gut sortierten Supermärkten erhältlich.

Tipp
Reichen Sie als Beilage frisches Baguette.

Zutaten

50 g italienische TK-Kräuter ·
500 g Instantpulver für Kartoffelklöße

$^1/_4$ l Weizenkeimöl zum Frittieren ·
etwa 100 g Mehl

3 frische Eier · 100 g Paniermehl

Für 4 Personen
Zubereitungszeit: ca. 30 Min.
Quellzeit: ca. 10 Min.
ca. 160 kcal je Portion

Frittierte Kartoffelbällchen

1 Die laut Packungsanleitung für die Zubereitung der Kartoffelklöße benötigte
Menge Wasser in eine Schüssel geben und
die Kräuter einrühren. Das Kartoffelpulver
dazugeben und alles gut verrühren. 10 Minuten quellen lassen.

2 Inzwischen in einem Topf das Öl erhitzen
und etwa 3 EL Mehl auf einem Backblech
verteilen. Aus der Kartoffelmasse 50–60 g
schwere Klöße formen und auf das bemehl-
te Blech legen.

3 Die Eier verquirlen und das Paniermehl
in eine Schüssel geben. Das restliche
Mehl auf einen Teller geben. Die Klöße erst
in Mehl, dann in Ei und zuletzt im Paniermehl wenden. Die Klöße in heißem Öl goldbraun backen.

Tipp
Als Beilage können Sie selbst
gemachten Kräuterquark
reichen. Dazu verrühren
Sie 500 g Magerquark mit
100 ml Milch, je 50 g TK-
Schnittlauch, TK-Petersilie
und TK-Dill sowie Salz, Pfeffer und Zucker.

frittiert ●
für Gäste ●
asiatisch ●
vegetarisch ●
leicht ●
preiswert ●
ausgefallen ●
für Kids ●

Curryspätzle

- frittiert
- für Gäste
- + asiatisch
- + vegetarisch
- leicht
- preiswert
- + ausgefallen
- für Kids

Zutaten

20 g Ingwer · 1 Dose Ananas in Stücken (385 g Abtropfgewicht)

2 EL Öl · 500 g Spätzle aus der Kühltheke · 250 g TK-Möhren · 250 g TK-Zuckerschoten

2 TL Curry

Für 4 Personen
Zubereitungszeit: ca. 30 Min.
ca. 370 kcal je Portion

1 Den Ingwer schälen und in feine Würfel schneiden. Die Ananas abgießen und 100 ml Ananassaft auffangen.

2 Das Öl in einer Pfanne erhitzen und darin die Spätzle braten. Nach 5 Minuten die Möhren und nach weiteren 5 Minuten die Zuckerschoten dazugeben und alles 2 Minuten braten.

3 Den Ananassaft mit dem Curry vermischen, den Ingwer zufügen, alles verrühren und zu den Spätzle geben.

Tipp
Als Fleischbeilage empfiehlt sich Filet, das Sie in $1/2$ cm dicke Streifen schneiden und in einer Pfanne mit 2 EL heißem Weizenkeimöl von allen Seiten scharf anbraten. Mit Salz und Pfeffer würzen.

Zutaten

1 Bund Lauchzwiebeln · 4 TK-Rindersteaklets · 2 EL Weizenkeimöl zum Braten

20 g Butter · 1 P. Zwiebelduo (siehe S. 16) · 2 Dosen Waldpilze · etwas Salz · etwas Pfeffer aus der Mühle · etwas getrockneter Thymian · 150 g Crème fraîche

Für 4 Personen
Zubereitungszeit: ca. 25 Min.
ca. 620 kcal je Portion

Rinderhacksteak mit Pilzgemüse

1 Die Lauchzwiebeln putzen und in Scheiben schneiden. Das Öl in einer Pfanne erhitzen und darin die Rindersteaklets auf jeder Seite 2–3 Minuten braten und im Ofen warm halten.

2 Die Butter in einem Topf erhitzen und die Zwiebeln und die abgetropften Pilze dazugeben. Bei mittlerer Hitze so lange braten, bis die Flüssigkeit verdunstet ist. Die Zwiebeln unter die Pilze heben und alles mit Salz, Pfeffer und Thymian würzen. Die Crème fraîche unter das Gemüse heben und das Pilzgemüse mit den Steaklets anrichten.

Variation
Verwenden Sie für dieses Gericht frische Austernpilze. Schneiden Sie dafür 200 g Pilze in lange Streifen und vermengen Sie diese mit 3 EL Mehl und 50 g Zwiebelwürfeln. Geben Sie die Masse in den Topf mit erhitzter Butter und braten Sie alles bei mittlerer Hitze etwa 5 Minuten.

frittiert ⊖
für Gäste ⊖
asiatisch ⊖
vegetarisch ⊖
leicht ⊕
preiswert ⊕
ausgefallen ⊖
für Kids ⊖

Lauch-Bratkartoffel-Auflauf

- frittiert
- für Gäste
- asiatisch
- **vegetarisch**
- leicht
- **preiswert**
- ausgefallen
- für Kids

1 Die Bratkartoffeln nach Packungsanleitung zubereiten. Den Lauch längs durchschneiden, gut waschen, von den äußeren Blättern befreien und in etwa 2 cm lange Scheiben schneiden. Das Öl in einem Topf erhitzen und darin den Lauch leicht anbraten. Den Lauch mit Salz, Pfeffer und Muskat würzen.

2 Die Sahne dazugießen und etwa 5 Minuten köcheln lassen. Etwas abkühlen lassen, die Eier einrühren und alles gut vermengen.

3 Den Ofen auf 180 °C (Umluft 150 °C; Gas Stufe 2–3) vorheizen. Eine feuerfeste Form mit Butter einfetten und etwa ein Viertel der Bratkartoffeln einfüllen. Darauf ein Drittel des Lauchs geben. Mit dem nächsten Viertel Bratkartoffeln fortfahren und weiter Lauch und Kartoffeln einschichten. Die letzte Schicht besteht aus Bratkartoffeln.

4 Den Käse reiben und über den Auflauf geben. Den Auflauf im Ofen etwa 10 Minuten backen.

Zutaten

400 g Bratkartoffeln aus der Tüte · 4 Stangen Lauch · 2 EL Weizenkeimöl · etwas Salz · etwas schwarzer Pfeffer aus der Mühle · etwas Muskat

200 g Sahne · 2 frische Eier
etwas Butter für die Form
200 g Gouda

Für 4 Personen
Zubereitungszeit: ca. 30 Min.
ca. 710 kcal je Portion

Tipp
Wer es herzhafter mag, kann rohen Schinken unter die Bratkartoffeln mischen. Braten Sie dazu in einer Pfanne mit 2 EL Weizenkeimöl 150 g rohen, in Würfel geschnittenen Schinken mit dem Lauch zusammen an.

Zutaten

Sauce hollandaise (Instant) für
$^1/_2$ l Flüssigkeit · 800 g TK-Hack-
bällchen oder TK-Party-Frika-
dellen

3 Tomaten · etwas Öl zum Anbraten · 1 P. Zwiebelduo (siehe
S. 16) · 1 EL Tomatenmark

50 g TK-Basilikum

Für 4 Personen
Zubereitungszeit: ca. 30 Min.
ca. 1100 kcal je Portion

Hackbällchen mit Tomaten in Sauce hollandaise

- frittiert
- für Gäste
- asiatisch
- vegetarisch
- leicht
- preiswert
- ausgefallen
- für Kids

1 Die Sauce hollandaise nach Packungsanleitung zubereiten und warm stellen. Die
Hackbällchen im Ofen bei 180 °C (Umluft
150 °C; Gas Stufe 2–3) 15–20 Minuten
backen.

2 Die Tomaten vom Stielansatz befreien
und in Streifen schneiden. Öl in einer
Pfanne erhitzen und darin die Zwiebeln bei
niedriger Hitze etwa 3 Minuten anbraten.
Die Tomatenstreifen dazugeben und das Tomatenmark unterziehen.

3 Die Sauce hollandaise darüber geben
und das Basilikum untermischen. Die
Hackbällchen in der Sauce anrichten.

Variation
Eine asiatische Varia-
tion: Nehmen Sie
statt Hackbällchen
Geflügelfrikadellen
und würzen Sie die
Sauce hollandaise
statt mit Tomaten mit
2 EL Curry und 1 EL
Honig.

Gebratene Semmelknödelscheiben

frittiert ⊖

für Gäste ⊖

asiatisch ⊖

vegetarisch ⊖

leicht ⊖

preiswert ⊕

ausgefallen ⊕

für Kids ⊖

Zutaten

1 P. (8 x 1) Semmelknödel · 1 rote
Zwiebel · 50 g Bauchspeck ·
400 g Champignons
2 EL Weizenkeimöl zum Braten
50 g TK-Petersilie

Für 4 Personen
Zubereitungszeit: ca. 30 Min.
Quellzeit: ca. 10 Min.
ca. 360 kcal je Portion

1 Die Semmelknödel nach Packungsanleitung kochen und abkühlen lassen.
Die Zwiebel schälen und in feine Streifen
schneiden. Den Speck in kleine Würfel und
die Pilze in Streifen schneiden.

2 Das Öl erhitzen, die Semmelknödel inzwischen in Scheiben schneiden und im
Öl anbraten. 1 TL Öl in einen Topf geben und
den Speck darin anbraten. Die Zwiebel dazugeben und unter Rühren etwa 3 Minuten
anbraten. Die Pilze dazugeben und alles
5 Minuten braten.

3 Die Pilze mit den Semmelknödelscheiben
auf Tellern anrichten und mit Petersilie
bestreuen.

Variation
Wer Pilze nicht so gern mag, kann
andere Gemüsesorten verwenden,
wie z. B. Rosenkohl. Von 400 g Rosenkohl die äußeren Blätter und
Stiele entfernen. In einen Topf mit
1 EL Butter geben und etwa 1 Minute
bei mittlerer Hitze anbraten. Mit
Salz, Pfeffer und Muskat würzen und
mit 70 ml Wasser auffüllen. Zugedeckt etwa 3 Minuten dünsten.

Crêpe-Gemüsetorte

- frittiert
- für Gäste
- asiatisch
- **vegetarisch**
- leicht
- **preiswert**
- ausgefallen
- **für Kids**

1 Den Pfannkuchenteig nach Packungsanleitung zubereiten und in einer Pfanne in 2 EL Öl 4 dünne Pfannkuchen backen.

2 In einem Topf 2 EL Öl erhitzen, das Gemüse darin kräftig anbraten, die Sahne dazugeben und auf die Hälfte einkochen lassen.

3 Die Kartoffelsuppe einrühren und aufkochen. Den Topf von der Hitze nehmen und alles abkühlen lassen. Die Eier verquirlen und unter das lauwarme Gemüse rühren. Alles mit Salz und Pfeffer würzen und gut vermengen.

4 Eine Springform mit dem restlichen Öl einfetten und einen Pfannkuchen hineinlegen. Darauf ein Drittel der Gemüsemasse löffeln und wieder einen Pfannkuchen darüber legen. So weiter schichten und mit einem Pfannkuchen abschließen.

5 Den Backofen auf 175 °C (Umluft 150 °C; Gas Stufe 2) vorheizen. Die Form mit Aluminiumfolie bedecken und etwa 25 Minuten im vorgeheizten Backofen backen. Nach dem Backen den Rand ablösen, die Torte 10 Minuten abkühlen lassen und in Stücke schneiden.

Zutaten

1 P. Pfannkuchenteig (für 4 Pfannkuchen)

3 EL Weizenkeimöl · 500 g TK-Mischgemüse · 200 g Sahne

2 P. Kartoffelrahmsuppe (Instant) · 3 frische Eier · etwas Salz · etwas schwarzer Pfeffer aus der Mühle

Für 4 Personen
Zubereitungszeit: ca. 30 Min.
Backzeit: ca. 25 Min.
ca. 770 kcal je Portion

Tipp
Bereiten Sie dazu eine kalte **Joghurt**-Kräutersauce zu. **Dazu** benötigen Sie 100 g TK-Kräutermischung, 100 g Joghurt, 100 g Crème fraîche, Salz, Pfeffer und 1 EL Zucker. Alle Zutaten in einer Schüssel gut vermengen und mit den Gewürzen abschmecken.

Fischfilet mit Kräuterkruste

- frittiert
- **für Gäste**
- asiatisch
- vegetarisch
- leicht
- **preiswert**
- **ausgefallen**
- für Kids

Zutaten

4 TK-Fischfilets natur, aufgetaut

100 g Butter · 1 P. Kräutermix ·
etwas Salz · etwas schwarzer
Pfeffer aus der Mühle · 100 g
Semmelbrösel

1 kleine Zwiebel · 2 EL Weizen-
keimöl zum Braten · 400 g TK-
Blattspinat, aufgetaut · etwas
Muskat

Für 4 Personen
Zubereitungszeit: ca. 30 Min.
Backzeit: ca. 20 Min.
ca. 550 kcal je Portion

1 Den Ofen auf 180 °C (Umluft 150 °C; Gas Stufe 2–3) vorheizen und das Fischfilet im Ofen etwa 10 Minuten garen.

2 Die Butter und die Kräuter vermengen, salzen und pfeffern. Nach und nach die Semmelbrösel einstreuen und alles verkneten. Die Fischfilets mit der Masse bedecken und weitere 5–10 Minuten backen.

3 Die Zwiebel schälen und hacken. Das Öl in einem Topf erhitzen und darin die Zwiebel anschwitzen. Den Spinat dazugeben. Den Topf schließen und den Spinat bei mittlerer Hitze etwa 5 Minuten dämpfen. Mit Salz, Pfeffer und Muskat würzen, auf Tellern anrichten und die Fischfilets darauf legen.

Tipp
Wenn Sie etwas mehr Zeit **haben, n**ehmen Sie die Fisch**filets** aus der Packung und lassen sie im Kühlschrank langsam auftauen. Bestreichen Sie den Fisch mit einer Marinade aus dem Saft zweier Zitronen, 1 EL Olivenöl sowie Salz und Pfeffer.

Kleine Gerichte aufgepeppt

Zutaten

550 g TK-Blätterteig
4–6 große Eiertomaten ·
200 g Büffelmozzarella ·
100 g Pesto
1 frisches Ei · 1 EL Basilikumöl

Für 4 Personen
Zubereitungszeit: ca. 30 Min.
ca. 910 kcal je Portion

Mozzarella-Tarte mit Tomaten und Pesto

1 Den Blätterteig auftauen und etwa 3 mm dünn ausrollen. Mit einem runden Förmchen 4 Scheiben mit etwa 12 ½ cm Ø ausstechen. Die Scheiben in der Mitte mit einer Gabel einstechen.

2 Tomaten und Mozzarella in Scheiben schneiden. Die Blätterteigscheiben mit je 1 TL Pesto bestreichen und dann abwechselnd mit Tomaten- und Mozzarellascheiben belegen. Die belegten Scheiben 15 Minuten in den Kühlschrank legen. Den Ofen auf 190 °C (Umluft 160 °C; Gas Stufe 2–3) vorheizen.

3 Das Ei verquirlen, die Teigplatten aus dem Kühlschrank nehmen und an den Rändern mit dem Ei bestreichen. Die Platten auf ein mit Backpapier ausgelegtes Blech legen und im Ofen 15–20 Minuten backen, bis der Teig goldbraun ist. Nach dem Backen mit etwas Basilikumöl beträufeln.

frittiert ⊖
für Gäste ⊕
asiatisch ⊖
vegetarisch ⊕
leicht ⊖
preiswert ⊖
ausgefallen ⊕
für Kids ⊖

Tipp
Falls Sie kein Basilikumöl finden, können Sie auch frisches oder TK-Basilikum in Olivenöl einlegen (100 g Basilikum in 250 ml Olivenöl).

Zutaten

50 g Ingwer · 1 rote Zwiebel ·
1 Knoblauchzehe · 12 Fischstäbchen · 4 EL Weizenkeimöl

500 g Sojasprossen
2 TL Sojasauce · 1 P. TK-Petersilie

Für 4 Personen
Zubereitungszeit: ca. 30 Min.
ca. 360 kcal je Portion

Fischstäbchen mit Sprossen

- ⊖ frittiert
- ⊖ für Gäste
- ⊕ asiatisch
- ⊖ vegetarisch
- ⊖ leicht
- ⊕ preiswert
- ⊕ ausgefallen
- ⊖ für Kids

1 Den Ingwer schälen und in feine Würfel schneiden. Die Zwiebel schälen und in feine Streifen schneiden. Die Knoblauchzehe in feine Scheiben schneiden. In einer Pfanne 2 EL Öl erhitzen und darin die Fischstäbchen auf jeder Seite etwa 3 Minuten goldbraun braten.

2 Inzwischen in einem Bratentopf 2 EL Öl erhitzen. Darin die Zwiebel anschwitzen, dann Ingwer, Knoblauch und Sojasprossen dazugeben. Alles gut vermengen, 50 ml Wasser zugeben, Deckel auflegen und alles etwa 2 Minuten dünsten.

3 Sojasauce und Petersilie dazugeben und alles mit den Fischstäbchen auf Tellern anrichten.

Tipp
Als Sauce eignet sich hierzu **eine süß**-scharfe Chilisauce **aus 50** ml Ananassaft, 1 TL Sambal Oelek, 1 EL Sojasauce, 100 g Tomatenketchup, 1 TL Zucker, 5 g Salz und 1 g Pfeffer. Alle Zutaten miteinander vermengen und zu den Fischstäbchen reichen.

Zutaten

1 Dose Mango oder Ananas ·
150 ml Hühnerfond aus dem
Glas · 2 EL roter Curry aus dem
Glas (Tandoori)

1 Gemüsezwiebel · 1 Stange
Lauch · 2 EL Pflanzenöl ·
500 g asiatisches TK-Gemüse

2 EL Honig · 1 Bund Minze

Für 4 Personen
Zubereitungszeit: ca. 30 Min.
ca. 310 kcal je Portion

Gemüsepfanne mit rotem Curry

1 Das Obst abgießen und den Saft auffangen. Den Hühnerfond erhitzen, aber nicht
kochen, und den Curry einrühren. Den
Mango- oder Ananassaft hinzufügen.

2 Die Zwiebel und den Lauch schälen und
in grobe Stücke schneiden. Das Öl in einem Topf erhitzen und Zwiebel und Lauch
darin anschwitzen. Das Gemüse zufügen
und 6–8 Minuten braten.

3 Den Hühnerfond über das Gemüse geben
und aufkochen. Mango bzw. Ananas
klein schneiden, mit dem Honig zum Gemüse geben und gut vermengen. Das Gericht auf Tellern anrichten und mit den Min-
zeblättern dekorieren.

frittiert ⊖
für Gäste ⊕
asiatisch ⊕
vegetarisch ⊕
leicht ⊖
preiswert ⊖
ausgefallen ⊕
für Kids ⊖

Zutaten

4 P. Kartoffelgratin aus der Kühltheke (à 200 g) · 2 TL Papri-kapulver · 200 g Tomatenpaprika aus dem Glas

50 g TK-Zwiebelduo (siehe S. 16) · 50 g italienische TK-Kräuter · 250 g Ofenkäse · 2 EL Margarine für die Form

Für 4 Personen
Zubereitungszeit: ca. 30 Min.
ca. 380 kcal je Portion

Paprika-Kartoffel-Gratin

- frittiert
- **für Gäste**
- asiatisch
- vegetarisch
- leicht
- **preiswert**
- **ausgefallen**
- für Kids

1 Das Kartoffelgratin in eine Schüssel geben und mit dem Paprikapulver vermengen. Die Tomatenpaprika abgießen und in kleine Stücke schneiden.

2 Zwiebeln, Kräuter, Paprika und 70 g Käse unter das Gratin rühren. Eine mittelgroße Auflaufform einfetten und das Gratin hineingeben.

3 Das Gratin mit dem restlichen Käse bestreuen und im Ofen bei 180 °C (Umluft 150 °C; Gas Stufe 2–3) etwa 25 Minuten backen.

Tipp
Variieren Sie dieses Gratin, **indem Sie** ein anderes Gemüse wählen (z. B. Lauch oder Sprossen statt Paprika) oder ein anderes Gewürz (z. B. Curry) verwenden.

Gnocchi mit Blattspinat und Knoblauch

1 Den Knoblauch schälen und fein würfeln. Die Hälfte der Butter in einem Topf erhitzen und die Hälfte der Zwiebelwürfel darin glasig braten. Den Knoblauch dazugeben und kurz mitbraten. Den Spinat zufügen und alles zugedeckt etwa 5 Minuten dämpfen.

2 In einem zweiten Topf die restliche Butter erhitzen und darin die restlichen Zwiebeln anbraten. Die Gnocchi dazugeben, die Sahne hinzufügen und alles aufkochen. Mit Hühnerbrühe würzen.

3 Den Spinat salzen und pfeffern, in einer Schüssel anrichten und die Gnocchi darüber geben.

Zutaten
1 Knoblauchzehe · 50 g Butter · 1 Zwiebel, gewürfelt · 400 g TK-Blattspinat, aufgetaut

400 g Gnocchi aus der Kühltheke · 200 g Sahne · etwas Hühnerbrühe (Instant)

etwas Salz · etwas schwarzer Pfeffer aus der Mühle

Für 4 Personen
Zubereitungszeit: ca. 30 Min.
ca. 670 kcal je Portion

frittiert ⊖
für Gäste ⊕
asiatisch ⊖
vegetarisch ⊕
leicht ⊖
preiswert ⊕
ausgefallen ⊖
für Kids ⊖

Tipp
Servieren Sie die Gnocchi in einer Käsesauce. Dazu brauchen Sie 100 g Gorgonzola, 50 g Parmesan, 200 g Sahne, 1 P. Zwiebelduo (siehe S. 16), 1 EL Weizenkeimöl und 1 EL Brühe (Instant). Die Zwiebeln in dem Öl glasig braten und die Sahne zugeben. Den Käse klein schneiden und in die Sahne geben. Den Käse bei geringer Hitze schmelzen lassen und mit der Brühe würzen. Die Sauce über die Gnocchi geben.

Kleine Gerichte aufgepeppt

Knödelburger auf Salat

- frittiert
- für Gäste
- asiatisch
- vegetarisch
- leicht
- + preiswert
- + ausgefallen
- + für Kids

Zutaten

1 P. (6 x 1) Semmelknödel im Kochbeutel · etwas Salz

100 g junger Gouda in Scheiben · 50 g roher Schinken · 150 g Lollo rosso · 100 g Champignons

200 g Naturjoghurt · 5 EL Sahne · 3 EL Zitronensaft · 2 EL TK-Gartenkräuter · etwas weißer Pfeffer aus der Mühle · etwas Zucker

Für 4 Personen
Zubereitungszeit: ca. 30 Min.
ca. 600 kcal je Portion

Variation
Belegen Sie die Burger mit Salami statt mit Schinkenscheiben oder mit einer dünnen Tomatenscheibe.

1 Die Knödel in einen Topf mit reichlich Salzwasser geben und 10 Minuten quellen lassen; gelegentlich umdrehen. Aufkochen und 10 Minuten bei schwacher Hitze ziehen lassen. Die Knödel herausnehmen und kurz mit kaltem Wasser abschrecken.

2 Inzwischen die Goudascheiben und den Schinken vierteln. 6 Goudaviertel zurückbehalten und die restlichen Viertel in Streifen schneiden. Den Backofen auf 180 °C (Umluft 150 °C; Gas Stufe 2–3) vorheizen. Den Salat putzen, waschen und in mundgerechte Stücke zupfen. Die Champignons putzen, waschen und in Scheiben schneiden.

3 Die Knödel aus den Kochbeuteln nehmen und in je 3 Scheiben schneiden. Käse und Schinkenstreifen auf jeweils 2 Knödelscheiben legen und mit der dritten Scheibe zu einem Burger zusammensetzen. Auf jeden Knödel ein Goudaviertel legen und die Knödel auf der mittleren Schiene im Ofen 5–8 Minuten überbacken.

4 Joghurt, Sahne, Zitronensaft und Gartenkräuter vermischen und mit Salz, Pfeffer und Zucker abschmecken. Den Salat und die Champignons mit den Knödelburgern auf Tellern anrichten und mit der Sauce beträufeln.

Andalusischer Gazpacho

- frittiert
- **für Gäste**
- asiatisch
- vegetarisch
- leicht
- **preiswert**
- **ausgefallen**
- für Kids

Zutaten
1 Dose gestückelte Tomaten
(400 g Einwaage) · 1 Glas Tomatenpaprika (125 g) · 1 P. TK-Zwiebelduo (siehe S. 16) · 1 P. TK-Basilikum
1 Salatgurke · 1 P. Tomatencremesuppe (für $^1/_4$ l Suppe)
2 EL Olivenöl

Für 4 Personen
Zubereitungszeit: ca. 30 Min.
Kühlzeit: etwa 1-2 Std.
ca. 170 kcal je Portion

1 Die Hälfte der Tomaten mit dem Saft in einen Topf geben. Die Tomatenpaprika abgießen, die Hälfte davon und den Saft zu den Tomaten geben. Die Zwiebeln und das Basilikum dazugeben und alles erhitzen.

2 Die Gurke gut waschen, die Enden ab-schneiden und die Gurke klein schnei-den. Die Tomatencremesuppe zu den heißen Tomaten mit Paprika geben und gut ver-rühren.

3 Die heißen Tomaten in eine hohe Schüs-sel oder in eine Küchenmaschine geben. Die Gurke, die restlichen Tomatenstücke und den restlichen Paprika hinzufügen und alles pürieren.

4 Nach und nach das Olivenöl einrühren und den Gazpacho mindestens 1 Stunde kalt stellen.

Tipps
Servieren Sie den Gazpacho **eiskalt:** Geben Sie pro Teller je **2 EL** gestoßenes Eis dazu und bestreuen Sie die Suppe mit grob gemahlenem Pfeffer. Besonders raffiniert ist es, den Gazpacho in Gläsern zu servieren.

Zutaten

500 g TK-Lachsschnitten, aufgetaut · etwas Salz · etwas schwarzer Pfeffer aus der Mühle · Saft von 1 Zitrone

2 frische Eier · ¹/₂ Tüte Backpulver · 30 g Pulver für Kartoffelpuffer · 100 g Sahne

400 ml Biskin zum Frittieren

Für 4 Personen
Zubereitungszeit: ca. 30 Min.
ca. 1080 kcal je Portion

Lachsspieße im Teigmantel

- ● frittiert
- ● für Gäste
- ● asiatisch
- ● vegetarisch
- ● leicht
- ● preiswert
- ● ausgefallen
- ● für Kids

1 Den Lachs in Würfel schneiden und auf 4 Schaschlikspieße verteilen. Mit Salz, Pfeffer und Zitronensaft würzen.

2 Die Eier trennen und das Eiweiß steif schlagen. Das Backpulver mit dem Kartoffelpufferpulver vermengen und mit dem Eigelb und der Sahne verrühren. Das Eiweiß unterheben.

3 In einem hohen Topf (oder einer Fritteuse) das Öl erhitzen. Die Lachsspieße zunächst in den Teig eintauchen und dann in heißem Öl frittieren. Die Spieße auf Küchenkrepp abtropfen lassen.

Tipp
Als Beilage empfiehlt sich **Wildreis** oder mit Curry gewürztes Kartoffelpüree (5 g Currypulver in die Milch einrühren, bevor sie in das Püreepulver gegeben wird).

Feldsalat mit Ziegenkäsesauce

Zutaten

500 g Feldsalat · 100 g Ziegen-
frischkäse · 1 Zwiebel · 1 Knoblauchzehe · 1 TL Weizenkeimöl ·
20 g Ingwer · 200 g Sahne
1 P. Kartoffel-Rahmsuppe (für
200 ml Suppe) · etwas Salz ·
etwas schwarzer Pfeffer aus der
Mühle · etwas TK-Schnittlauch

Für 4 Personen
Zubereitungszeit: ca. 30 Min.
ca. 390 kcal je Portion

frittiert ⊖
für Gäste ⊕
asiatisch ⊖
vegetarisch ⊕
leicht ⊖
preiswert ⊖
ausgefallen ⊕
für Kids ⊖

1 Den Feldsalat waschen und putzen. Den Ziegenkäse klein schneiden. Zwiebel und Knoblauch schälen und ebenfalls klein schneiden. Das Öl in einer Pfanne erhitzen und darin die Zwiebel anbraten. Den Ingwer dazugeben, gut mit der Zwiebel vermengen und sofort die Sahne dazugeben.

2 Die Sahne zur Hälfte einkochen lassen, das Kartoffelsuppenpulver einrühren und die Käse-Zwiebel-Mischung dazugeben. Alles mit Salz und Pfeffer abschmecken und den Schnittlauch hinzufügen.

3 Den Feldsalat auf Tellern anrichten und mit dem etwas abgekühlten Ziegenkäse-Dressing übergießen.

Tipp
Zu dem kräftigen Ziegenkäse-Dressing reichen Sie am besten ein dunkles Landbrot oder Pumpernickel und einen kräftigen Rotwein.

Paprika-Hähnchenkeulen

- frittiert
- **für Gäste**
- asiatisch
- vegetarisch
- leicht
- **preiswert**
- **ausgefallen**
- für Kids

1 Die Hühnerkeulen waschen, trocken-tupfen und in eine flache Schüssel legen. Die Zwiebel schälen, vierteln und in Streifen schneiden. Das Öl erhitzen und darin die Zwiebel anbraten.

2 Den Knoblauch schälen und dazugeben. 200 ml Wasser hinzufügen. Petersilie, Kräuter und Paprikagewürz unterrühren. Die Gewürzmischung 15 Minuten abkühlen lassen, über die Hühnerkeulen geben und 2 Stunden marinieren lassen.

3 Den Backofen auf 180 °C (Umluft 150 °C; Gas Stufe 2–3) vorheizen. Die Keulen aus der Marinade nehmen und in einer mittel-großen Auflaufform 25 Minuten backen.

4 Inzwischen die Marinade in einem Topf erhitzen, 100 ml Wasser zugeben und mit dem Saucenbinder eindicken. Die Marinade über die fertigen Hühnerkeulen geben.

Zutaten

4 Hühnerkeulen · 1 Gemüse-zwiebel · 1 EL Weizenkeimöl
2 Knoblauchzehen · 50 g TK-Petersilie · 1 P. italienische TK-Kräuter · 1 Tüte Gewürz für Paprika-Rahmschnitzel
1 EL Saucenbinder für dunkle Saucen

Für 4 Personen
Zubereitungszeit: ca. 30 Min.
Marinierzeit: ca. 2 Std.
Backzeit: ca. 25 Min.
ca. 210 kcal je Portion

Tipp

Als Beilage zu den Hähnchenkeulen **passen Schmorkartoffeln** aus 600 g **Kartoffeln,** 100 g Zwiebelduo (siehe S. 16), 200 g Hühnerbrühe (Instant) und 2 EL Weizenkeimöl. Die Kartof-feln schälen, in Scheiben schneiden und in einem Schmortopf mit dem Öl etwa 5 Minuten anbraten. Die Zwie-beln und 100 g Brühe dazugeben und zugedeckt 5 Minuten kochen. Die restliche Brühe zugeben und of-fen so lange kochen, bis die Flüssig-keit verdunstet ist.

Zucchini-Feta-Plätzchen

○ frittiert

● für Gäste

○ asiatisch

● vegetarisch

○ leicht

● preiswert

● ausgefallen

○ für Kids

Zutaten

250 g TK-Zucchinischeiben, aufgetaut · 200 g Feta (in Öl oder Lake)

50 g italienische TK-Kräuter · 2 frische Eier · 50 g Mehl · 5 g Weizenstärke · 1 P. Kartoffelpüree-Pulver (für 200 g)

2 EL Weizenkeimöl zum Braten

Für 4 Personen
Zubereitungszeit: ca. 30 Min.
ca. 280 kcal je Portion

1 Die Zucchinischeiben abtropfen lassen und klein hacken. Den Feta abgießen, klein schneiden, dazugeben und alles gut vermischen.

2 Die Kräuter zu den Zucchini geben und die Eier untermischen. Das Mehl mit der Stärke und dem Kartoffelpüree-Pulver vermischen und die Mischung nach und nach zur Zucchinimasse geben, bis ein sämiger Teig entsteht.

3 Etwas Öl in einer Pfanne erhitzen. Jeweils eine kleine Menge des Teigs mit einem Esslöffel in die Pfanne geben und etwas platt drücken. Die Plätzchen von beiden Seiten etwa 2–3 Minuten braten.

Tipp
Als Beilage passt Tzatziki **sehr gut**. Dazu eine Salatgurke schälen und grob raspeln. 3 Knoblauchzehen durchpressen, 5 g Salz, 3 EL Weißweinessig, 2 EL Olivenöl und 600 g Joghurt verrühren und mit der Salatgurke vermengen.

Zutaten

200 g Sahne · 1 Zwiebel · 1 EL Öl · 250 g TK-Erbsen · 20 g Zucker · 50 g Hühnerbrühe (Instant) · 4 Geflügeldippers · etwas Salz · etwas schwarzer Pfeffer aus der Mühle · 1 TL Mehlschwitze aus der Packung

Für 4 Personen
Zubereitungszeit: ca. 30 Min.
ca. 380 kcal je Portion

Erbsenschotensuppe

1 Die Sahne steif schlagen und kalt stellen. Die Zwiebel schälen und in Würfel schneiden. Das Öl in einem Topf erhitzen und darin die Zwiebel anschwitzen. Die Erbsen dazugeben, mit dem Zucker bestreuen und erhitzen. $^1/_2$ l Wasser auf die Erbsen geben und aufkochen. Die Brühe hinzufügen und alles 10 Minuten kochen lassen.

2 Die Dippers nach Packungsanleitung zubereiten und beiseite legen. Die Erbsen pürieren und mit Salz und Pfeffer abschmecken. Die Erbsensuppe aufkochen und mit der Mehlschwitze binden. Dazu 1 TL Mehlschwitze in die Suppe einstreuen und kurz aufkochen lassen.

3 Die Suppe durch ein Sieb gießen und die Schlagsahne langsam einrühren. Auf 4 Tellern anrichten und je einen Geflügeldipper dazulegen.

Geflügeldippers
Geflügeldippers sind **fertige** Hähnchenteile im Teigmantel. Man findet sie in fast jeder Supermarkt-Tiefkühltheke.

frittiert ⊖
für Gäste ⊕
asiatisch ⊖
vegetarisch ⊖
leicht ⊖
preiswert ⊖
ausgefallen ⊕
für Kids ⊕

Zutaten
360 g Pizzateig · 1 Glas schwarze
Oliven ohne Stein (125 g) ·
1 Glas getrocknete Tomaten
(150 g)

1 P. italienische TK-Kräuter

Für 4 Personen
Zubereitungszeit: ca. 30 Min.
ca. 340 kcal je Portion

Oliven-Tomaten-Brot

- ● frittiert
- ● für Gäste
- ● asiatisch
- ● vegetarisch
- ● leicht
- ● preiswert
- ● ausgefallen
- ● für Kids

1 Den Pizzateig in 2 gleich große Portionen teilen. Die Oliven abgießen, trockentupfen und ganz fein hacken. Die Tomaten auf Küchenkrepp abtropfen lassen, trockentupfen und sehr fein hacken.

2 Die Oliven in die eine Hälfte, die Tomaten in die andere Hälfte des Pizzateigs kneten. Die Kräuter ebenfalls teilen und auf beide Teigportionen verteilen.

3 Die Teige zu zwei Broten formen und nebeneinander auf ein mit Backpapier ausgelegtes Blech geben. Im vorgeheizten Ofen bei 200 °C (Umluft 170 °C; Gas Stufe 3) 15–20 Minuten backen.

Tipp
Wie wäre es dazu mit Bärlauchbutter? 200 g weiche Butter in eine Küchenmaschine geben. 100 g Bärlauch klein schneiden und zur Butter geben. 50 g Zwiebelduo und Salz zugeben und alles mixen. In kleinen Schälchen anrichten.

Zutaten

700 g TK-Fischfilet, aufgetaut ·
etwas Salz · etwas schwarzer
Pfeffer aus der Mühle · Saft von
1 Zitrone · 2 frische Eier · etwas
Mehl zum Panieren · 1 P. Berner
Rösti für 2 Personen

4 EL Weizenkeimöl

1 Tüte Spargelcremesuppe (für
200 ml Suppe) · 200 g Frischkäse ·
1 P. TK-Schnittlauch

Für 4 Personen
Zubereitungszeit: ca. 30 Min.
ca. 620 kcal je Portion

Fischfilet im Kartoffelmantel

1 Das Fischfilet trockentupfen. Mit Salz,
Pfeffer und Zitrone würzen. Die Eier verquirlen. Das Filet erst in Mehl, dann in Ei
und dann in der Röstimasse wenden.

2 Das Öl in einer Pfanne erhitzen und die
Filets darin auf einer Seite etwa 2–4 Minuten braten. Dann vorsichtig wenden und
weitere 4 Minuten von der anderen Seite
goldbraun braten.

3 Die Spargelcremesuppe nach Packungsanweisung kochen und von der Hitze
nehmen. Den Frischkäse einrühren, bis er
sich auflöst. Die Sauce auf Tellern verteilen
und das Fischfilet darauf geben. Den
Schnittlauch über das Gericht geben.

frittiert ⊖

für Gäste ⊕

asiatisch ⊖

vegetarisch ⊖

leicht ⊕

preiswert ⊖

ausgefallen ⊕

für Kids ⊖

Variation
Nicht jeder mag den Ge-
schmack von Spargel. Eine
klassische Variante ist eine
Sauce aus Tomatencreme-
suppe, die ebenfalls nach
Packungsanleitung zubereitet wird.

Birnenschnitten

- frittiert
- **für Gäste**
- asiatisch
- vegetarisch
- leicht
- **preiswert**
- ausgefallen
- **für Kids**

Zutaten

400 g Mürbeteig · etwas Margarine für das Blech

100 g Frischkäse · 50 ml Birnensaft · 90 g Zucker · Saft von 1 Zitrone · 4 Blatt Gelatine · 20 g Sahne

1 Dose Birnenhälften (450 g; 365 g Abtropfgewicht) · 1 EL Vollmilch-Schokoladeraspel, nach Belieben

Für 4 Personen
Zubereitungszeit: ca. 30 Min.
Kühlzeit: ca. 1-2 Std.
ca. 490 kcal je Portion

1 Den Mürbeteig auf einem gefetteten Backblech ausrollen, nach Packungsanleitung backen und abkühlen lassen.

2 Inzwischen den Frischkäse mit Birnensaft, Zucker und Zitronensaft glatt rühren. Die Gelatine in kaltem Wasser einweichen, ausdrücken und in 50 ml heißem Wasser auflösen. Die Gelatine in den Frischkäse rühren. Die Sahne steif schlagen und unterheben.

3 Die Frischkäsemasse gleichmäßig auf den Mürbeteig streichen. Die Birnen in Scheiben schneiden und auf den Frischkäse legen. Mindestens 1 Stunde kühl stellen und nach Belieben mit Schokoraspeln bestreuen.

Tipp
Dieses Rezept lässt sich für Erwachsene mit etwas Alkohol abwandeln. Dazu ersetzen Sie den Birnensaft durch Birnengeist.

Variation
Den Kuchen kann man mit der geriebenen Schale von 1 unbehandelten Zitrone als weitere Zutat für die Frischkäsemasse und einem anderen Obstbelag, z. B. Mandarinen, in einen erfrischenden Zitronen-Mandarinen-Kuchen verwandeln.

Zutaten

100 g Kokosraspel · 50 g Zucker ·
200 ml Kokosmilch · 100 ml Bananensaft

1 Banane · Saft von 1 Zitrone

Pfannkuchenteig für 4 Pfannkuchen · 2 EL Weizenkeimöl

Für 4 Personen
Zubereitungszeit: ca. 30 Min.
ca. 360 kcal je Portion

Kokos-Bananen-Pfannkuchen

- frittiert
- für Gäste
- asiatisch
- vegetarisch
- leicht
- preiswert
- ausgefallen
- für Kids

1 Die Kokosraspel und den Zucker in eine Pfanne geben und unter stetigem Rühren bei mittlerer Hitze goldbraun rösten. Mit der Kokosmilch ablöschen, den Bananensaft dazugeben und den Topf sofort vom Herd nehmen und erkalten lassen.

2 Die Banane schälen und in Würfel schneiden. Mit Zitronensaft beträufeln und beiseite stellen.

3 Den Pfannkuchenteig nach Packungsanleitung, aber mit dem Kokos-Bananen-Saft statt mit Wasser oder Milch zubereiten. Die Bananenstücke unterrühren und aus dem fertigen Teig in einer Pfanne mehrere Pfannkuchen backen.

Tipp
Zu Kokos und Bananen schmeckt etwas Schokolade besonders gut. Bereiten Sie also z. B. eine Schokoladensauce zu. Es gibt eine große Auswahl im Puddingpulverregal im Supermarkt. Wenn Sie die Sauce nach Packungsanleitung zubereiten, brauchen Sie diese nur noch mit 2 EL Sahne verfeinern und fertig ist das Dessert.

Zutaten
150 g Zucker · 50 g gehobelte Mandeln · ¹/₄ l Milch

150 g Vanillecremepulver · 100 g Amaretti

Für 4 Personen
Zubereitungszeit: ca. 30 Min.
Kühlzeit: ca. 30 Min.
ca. 420 kcal je Portion

Amaretticreme

1 Den Zucker in einen Topf füllen und so lange erhitzen, bis er schmilzt. Die Mandeln einstreuen und kurz verrühren. Die Milch dazugeben und aufkochen, bis sich der Zucker ganz aufgelöst hat.

2 Die Vanillecreme nach Packungsanleitung mit der Mandelmilch zubereiten. Die Kekse zerbröseln und ein paar Brösel zum Garnieren beiseite legen. Die restlichen Kekse in die Creme einrühren. Die Creme in Gläser füllen und mit ein paar Kekskrümeln bestreuen. Etwa 30 Minuten kalt stellen.

Amaretti **Amaretti** sind kleine harte Mürbeteig-Kekse, die mit Mandeln und Amaretto verfeinert sind. Man reicht sie zum Kaffee oder Espresso.

frittiert ⊖

für Gäste ⊕

asiatisch ⊖

vegetarisch ⊖

leicht ⊖

preiswert ⊖

ausgefallen ⊕

für Kids ⊖

Erdbeercreme mit Balsamicosauce

- frittiert
- **für Gäste**
- asiatisch
- vegetarisch
- **leicht**
- preiswert
- **ausgefallen**
- für Kids

Zutaten

100 g Zucker · 500 g TK-Erdbee-ren, aufgetaut, Saft aufgefangen · 150 g Vanillecreme
8 Blatt Gelatine · 200 g Sahne
100 g Zucker · 100 ml Erdbeersaft · 50 ml Balsamessig

Für 4 Personen
Zubereitungszeit: ca. 30 Min.
Kühlzeit: ca. 1-2 Std.
ca. 470 kcal je Portion

1 Den Zucker sowie 100 ml Wasser zu den Erdbeeren geben und diese pürieren. Das Vanillecreme-Pulver mit einem Mixer einrühren.

2 Die Gelatine in kaltem Wasser einwei-chen, abtropfen lassen und in einem Topf erhitzen, bis sie sich auflöst. Die Gelatine in die Erdbeercreme geben und gut verrühren. Die Sahne schlagen und unterheben. Etwa 1–2 Stunden kalt stellen.

3 Für die Sauce den Zucker in einen Topf geben und bei mittlerer Hitze schmelzen. Den Erdbeersaft dazugeben und einkochen lassen, bis die Sauce dickflüssig ist. Ab-kühlen lassen und den Essig einrühren.

4 Mit einem Esslöffel die Creme auf 4 Tel-lern anrichten. Die Creme mit der Sauce übergießen.

Variation
Marinieren Sie die **Erdbeer**en vor der Zu-bereitung mit 40 ml Grand-Marnier-Likör. Das ergibt ein köst-liches Aroma.

Tipp
Richten Sie die Erdbeercreme **als klein**e Nocken oder Ku-**geln an**. Dazu stellen Sie 3 Esslöffel in ein Glas mit heißem Wasser. Die Esslöffel gleiten dann besser durch die Creme und es lassen sich leicht kleine Kugeln formen.

Tarteletts mit Rum-Rosinen-Creme

- frittiert
- **für Gäste**
- asiatisch
- vegetarisch
- leicht
- preiswert
- **ausgefallen**
- für Kids

Zutaten

100 g Rosinen · 50 g Zucker ·
100 g Sahne · 50 ml Rum

Panacottacreme-Pulver für
4 Portionen

4 Mürbeteig-Tarteletts

Für 4 Personen
Zubereitungszeit: ca. 30 Min.
Ziehzeit: ca. 4-6 Std.
ca. 410 kcal je Portion

1 Die Rosinen mit dem Zucker in einer Pfanne 3 Minuten bei mittlerer Hitze erwärmen und mit der Sahne ablöschen. Den Rum dazugeben und alles in ein verschließbares Gefäß füllen. 4–6 Stunden ziehen lassen.

2 Die Panacottacreme mit etwa 50 ml weniger Flüssigkeit zubereiten, als auf der Packung angegeben ist. Die Rosinen abgießen und mit der Creme verrühren. 2 EL der abgegossenen Flüssigkeit dazugeben.

3 Die Creme mit einem Spritzbeutel oder einem Löffel auf die Tarteletts verteilen und servieren.

Variation
Statt der Rosinen können Sie auch Kirschen nehmen. Ein Glas mit 500 g Kirschen abtropfen lassen und den Saft auffangen. 100 ml Rum über die Kirschen geben und mit 100 g Puderzucker bestreuen. 6 Stunden ziehen lassen. Wie in Schritt 2 mit den Kirschen weiter verfahren. Den Saft in einem Topf auf ein Viertel einkochen lassen, dann 2 EL Schlagsahne dazugeben und abkühlen lassen. Fertig ist die Sauce.

Tipp
Um die Creme optisch gut auf den Tarteletts verteilen zu können, nehmen Sie am besten einen Spritzbeutel mit einem glatten Aufsatz.

Zutaten

125 g Mousse-au-Chocolat-
Pulver · 15 Schoko-Minz-
Plätzchen

100 g Zucker

Für 4 Personen
Zubereitungszeit: ca. 30 Min.
ca. 340 kcal je Portion

Schoko-Minz-Creme mit Zuckernetz

1 Die Creme nach Packungsanleitung zubereiten und die Schoko-Minz-Plätzchen
mit einem Mixer unter die Creme rühren.

2 Den Zucker mit 100 ml Wasser in einen
Topf geben und so lange kochen, bis sich
die Flüssigkeit braun verfärbt und Bläschen
wirft. Vorsicht: Die Flüssigkeit ist sehr heiß!

3 Den Topf von der Hitze nehmen und die
Flüssigkeit mit einer Gabel ständig
rühren, bis der Zucker anfängt, Fäden zu
ziehen. Mit der Gabel Zucker aufnehmen
und auf einem Backpapier in Fäden so ver-
laufen lassen, dass jeweils ein Gitter entsteht. Insgesamt 4 Gitter herstellen.

4 Die Creme in Schalen füllen und die Gitter vorsichtig darauf legen. Sofort servieren oder bis zum Anrichten kühl stellen.

frittiert ⊖

für Gäste ⊕

asiatisch ⊖

vegetarisch ⊖

leicht ⊖

preiswert ⊖

ausgefallen ⊕

für Kids ⊖

Tipp
Die Zuckergitter halten sich
in einer luftdichten Gebäck-
dose etwa 10 Tage. Legen Sie
zwischen die Gitter etwas
Backpapier, damit sie nicht
verkleben.

Terrine von zweierlei Joghurt

- frittiert
- **für Gäste**
- asiatisch
- vegetarisch
- **leicht**
- **preiswert**
- ausgefallen
- für Kids

Zutaten

200 g Erdbeerjoghurt ·
150 g Zucker · 50 ml Orangensaft ·
2 cl Rumaroma · 200 g Naturjoghurt
200 g Sahne · 10 Blatt Gelatine

Für 4 Personen
Zubereitungszeit: ca. 30 Min.
Kühlzeit: ca. 1 1/2-2 Std.
ca. 410 kcal je Portion

1 In den Erdbeerjoghurt 50 g Zucker einrühren. 100 g Zucker, den Orangensaft
und das Rumaroma in den Naturjoghurt einrühren.

2 Die Sahne schlagen und in 2 Portionen
teilen. Die Gelatine in kaltem Wasser einweichen. Einen Topf auf den Herd stellen,
erhitzen und die Gelatine darin auflösen.
Eine Hälfte der Gelatine in den Erdbeerjoghurt, die andere in den Naturjoghurt
geben.

3 Jeweils 1 Portion Sahne unter den Erdbeerjoghurt und den Naturjoghurt
rühren. Eine Schüssel oder eine Terrine mit
kaltem Wasser ausspülen und die Joghurts
abwechselnd hineinschichten. Vor dem Servieren etwa 1 1/2 Stunden kühl stellen.

Tipp
Sie können die
Joghurts auch in
Tassen oder andere
Formen füllen, um
kleine, gleiche Por-
tionen zu erhalten.

Süße Mandel-Cannelloni

○ frittiert

● für Gäste

○ asiatisch

○ vegetarisch

○ leicht

● preiswert

● ausgefallen

○ für Kids

1 Den Zucker in einen Topf geben und so lange erhitzen, bis er schmilzt. Den Mandelsirup hineingießen, mit 2 l Wasser ablöschen und aufkochen lassen. Dann die Cannelloni-Teigrollen in den Topf geben und etwa 10 Minuten kochen.

2 Inzwischen die Tiramisucreme nach Packungsanleitung zubereiten, aber mit 50 ml weniger Flüssigkeit als angegeben.

3 Die Cannelloni aus dem Topf nehmen und auf Küchenkrepp abtropfen lassen. Die Tiramisucreme in einen Spritzbeutel mit glatter Tülle geben und vorsichtig in die Cannelloni-Teigrollen einfüllen.

4 Die Cannelloni zugedeckt für etwa 1–2 Stunden in den Kühlschrank stellen. Jeweils 2 Cannelloni auf einem Teller anrichten und mit Mandeln garnieren.

Zutaten

100 g Zucker · 100 ml Mandelsirup · 8 Cannelloni-Teigrollen

125 g Tiramisupulver

50 g gehobelte Mandeln

Für 4 Personen
Zubereitungszeit: ca. 30 Min.
Kühlzeit: ca. 1-2 Std.
ca. 470 kcal je Portion

Tipp
Karamellisierte Mandeln eignen sich gut zum Verfeinern von Desserts. Dazu benötigen Sie 100 g Zucker und 70 g gehobelte Mandeln. Die Mandeln werden mit dem Zucker in eine Pfanne gegeben und unter ständigem Rühren erhitzt, bis sie goldbraun sind. Nehmen Sie die Mandeln aus der Pfanne und lassen Sie sie auf Backpapier auskühlen.

Alphabetisches Rezeptverzeichnis

Rezeptverzeichnis nach Kapiteln

Im FALKEN Verlag sind zahlreiche Titel zum Thema „Essen und Trinken" erschienen.

Sie erhalten sie überall dort, wo es Bücher gibt.

Sie finden uns im Internet: **www.falken.de**

Dieses Buch wurde auf chlorfrei gebleichtem und säurefreiem Papier gedruckt.

Der Text dieses Buches entspricht den Regeln der neuen deutschen Rechtschreibung.

Impressum

Umschlagkonzeption: Martina Eisele, München
Umschlaggestaltung: Digital Design GmbH Borgers, Hünstetten
Layout: Johannes Steil, Wiesbaden
Redaktion: Dirk Katzschmann, Ute Perchtold und Olaf Rappold (red.sign, Stuttgart)
Koordination und Schlussredaktion: Elly Lämmlen (FALKEN Verlag)
Herstellung: Petra Becker (FALKEN Verlag) und red.sign, Stuttgart
Weitere Fotos auf dem Umschlag: Die Bilder auf der Umschlaginnenseite vorne wurden dem FALKEN Verlag freundlicherweise vom Autor und dem Fotografen zur Verfügung gestellt. **Dirk Albrecht, Meinerzhagen:** Umschlagklappe, hinten, innen li. o., li. M. und li. u. sowie re. o., re. M. und re. u.

Rezeptfotos und weitere Fotos im Innenteil: Dirk Albrecht, Meinerzhagen/**Falken Archiv: R. Schmitz:** S. 39
Foodstyling: Pierre Wulf, Bremen
Satz: red.sign, Stuttgart
Reproduktion: Lithotronic, Frankfurt
Druck: Druckhaus Cramer, Greven

817 2635 4453 6271

ISBN 3 8068 2742 7

© 2001 by FALKEN Verlag, 65527 Niedernhausen/Ts.